CALLEJÓN KASHANÍ

© Elvia Ardalani
© Imaginarium Literario

De esta edición-rústica-2012
ISBN 13: 978-0615635811
ISBN 10: 0615635814

Primera edición-tapa dura-2012
ISBN 13: 978-0-9711496-8-7
ISBN 10: 0-9711496-8-2

Fotografía de la autora: Josué Esparza

Coordinación editorial: Francisco Macías Valdés

www.imaginariumliterario.weebly.com

Printed in the United States of America
Impreso en los Estados Unidos de América

PREFACIO

Comencé a escribir los poemas de esta colección aproximadamente hace seis años, cuando mi estudio de la poesía persa tomó un rumbo académico inesperado que terminó llevándome a la traducción. Fue así como me enamoré de un corpus poético antiquísimo cuya influencia en la poesía occidental es casi impalpable de tan antigua. En 1996 yo había publicado el libro *De cruz y media luna*, trabajo del que se haría, años más tarde, una edición bilingüe español-inglés, y que me abriría, por pura casualidad si es que esta existe, un mundo poético inmensurable. Mi relación con Irán, no así con la poesía persa, se inició hace más de veinte años y por razones estrictamente personales. He hecho varios viajes a ese maravilloso país, tan tristemente estereotipado y malentendido. Las representaciones mediáticas que llegan a occidente nos presentan una serie de imágenes que deshumanizan a su pueblo. Poco o nada recordamos su historia, la grandeza de su literatura a la que tanto debemos. Menos sabemos de la relación tan estrecha de sus habitantes con la poesía, que aprenden desde pequeños, mucho antes de entrar al jardín de niños. El vínculo emocional y real de los iraníes con su bagaje poético es digno de imitarse.

Gracias a esa cultura, igualmente distinta y parecida a la mía, fue naciendo *Callejón Kashaní*, el segundo libro de una trilogía que espero llegue a darse. Si en *De cruz y media luna* exploraba yo, entre otros temas, los conceptos de transculturalismo e hibridez desde la perspectiva amorosa, en este poemario he querido ampliar el enfoque, incorporando voces y personajes que rodean y complementan al sujeto poético. Ese *yo* que contempla la jornada, el recorrido, con la madurez que otorgan los años transcurridos. Así fue gestándose *Callejón Kashaní*, el nombre real de la calle en donde estaba situada la casa de infancia de mi esposo. Poco a poco, con lo que había vivido y lo que había visto, fui creando mi propio callejón. Aparte del detalle personal, anteriormente mencionado, escogí este título porque el concepto del callejón es central en la poesía persa, antigua y moderna, pues era precisamente ahí, en las callejuelas antiguas, donde el tejido social se fortalecía: los vecinos se conocían, los niños jugaban, los adolescentes se enamoraban. Los callejones eran vitales en la arquitectura antigua y aún existen, particularmente en provincia. En la poesía se han mantenido vigentes dada esa nostalgia que despiertan.

Este libro no pretende ser otra cosa que una recolección poética de las impresiones y vivencias que he recogido en los muchos años de contacto. Tanto la gente que conozco personalmente, amigos y familiares, como aquellos extraños cuyas historias se han filtrado en la imaginación poética, hicieron posible mi trabajo. He querido también que estos poemas fueran un humilde homenaje a la poesía persa, tan llena de jardines, lunas, arroyos, amantes, pasiones y vino. Ese vino que se alza como el gran símbolo místico, pero que también alcanza lugares menos contemplativos y más siniestros. Debo advertir, simplemente por aclarar, que este poemario no pretende ser persa, ni a la poesía persa le hacen falta poetas extranjeros. Este libro es apenas mi visión muy personal de esa cultura. Sobre todo, y como ocurre con toda poesía, es un trabajo surgido del cariño, del amor, del respeto y de esa necesidad que, tal vez, mane de mi calidad fronteriza: tender puentes, cruzar puentes, ser puente.

Elvia Ardalani

A 8 de agosto de 2012

CALLEJÓN KASHANÍ

por

Elvia Ardalani

IMAGINARIUM LITERARIO

A Eshrat, corazón guerrero

Sin ti, una noche sin luna, pasé de nuevo por ese callejón

Fereydún Moshirí

Siempre se teme ante una puerta abierta
así conduzca a la felicidad.

Dolores Castro

Cuéntame del callejón

Cuéntame del callejón,
de esa larga arteria que atranca tu infancia en la
garganta,
de esa enorme pestaña que cubre tu dolor cuando
no hablas,
cuéntame de los chicos que jugaban futbol y se reían
(¿dónde quedó esa risa, a qué sabía, cómo era tu boca
en esos días?)
cuéntame de tu adolescencia, de la carta entregada
disimuladamente a alguna niña, de la desesperanza,
del rumor del calzado sobre la callejuela.
Cuéntame de ese amor que perpetraste a oscuras
sobre estas mismas piedras
sobre estos mismos andenes de tus suelas.
Cuéntame del callejón,
de Dios atrapado en el faldón oscuro del imán compasivo,
de la madre celosa que cerraba el balcón de la hija
cada vez que pasabas por la calle averiada,
dime del vendedor ambulante que te estafó sin prisa,
del balón estropeado por la rueda de un auto,
dime cómo era entonces tu espalda adolescente,
dame el tono de voz, la sed exacta de tus pupilas íntegras,
dime cómo era el sueño perpetuo de esos días.
Llévame al callejón.

Llévame lentamente al resto de esos cantos.

Regálame una carta que se parezca a aquella, tómame de la mano,

descálzame los pies, despójame las manos,

háblame esa otra lengua que imparten tus silencios,

ponme otro nombre, otro,

explícame quién soy, por qué no tengo yo un callejón armado en

la memoria,

por qué no encuentro el pasado entre tus calles,

en la infancia del higo y de la almeza.

Llévame al callejón,

a esa larga arteria que divide tu tronco en dos fragmentos,

a ese mínimo plano que conoce las cicatrices de la piedra,

y muéstrame cómo eras, déjame verte así,

con la mochila al hombro y esa carta

que no era para mí.

Dicen que el callejón

Dicen que el callejón sospecha que vengo de otro mundo.

que cuando lo recorro nadie nota mi sombra,

que la han buscado todos y no aciertan a trazar el contorno,

que mis pasos no suenan como el tacón de otras

que al caminar me siguen tres ocelotes dóciles y un aura

de tierra de lejanas calzadas ajenas a esta lengua.

Tú y yo nos reímos de esos cuentos de almizcle y madriguera.

No saben que mi sombra se quebró en dos hace años,

que aún queda algo mío en la calle que me cuidó la infancia

y la otra mitad se ocultó a sabiendas guardándose en la tuya.

No saben que si me siguen tres ocelotes dorados

es porque tú has dibujado a mano cada uno de sus gestos,

porque los has nombrado con otros nombres mágicos

y les has enseñado en la ternura de los predios paternos

su elegancia en el salto, su ternura en el llanto,

su certeza de ser distintos, antiguos y tan nuevos.

Dicen que el callejón sospecha que vengo de otro mundo.

Es verdad.

Vengo de una calle paralela a esta,

de un mundo que es este y otros más, y en todos,

sin condición, en todos,

se respira lo mismo, se sueña con lo bello,

aunque uno barra a diario la escoria y de sobra conozca

su rareza de tizne, su maloliente vaho.

Dicen que el callejón sospecha que vengo de otro mundo.

Es cierto.

Tú y yo nos reímos con nuestros amuletos

y me pides que salga para mirarme así, sin sombra,

asombrada hasta el fin con mi cauda de dulces,

ocelotes moteados.

Cómo arden los años

¡Cómo arden los años sobre el rostro!
cómo queman el cuerpo y lo incineran,
y sin embargo, lo que ha de quedar queda,
y en tus ojos, amado, aún resplandecen
la sal y el guardavela, y el enorme desierto
con su ponto a cuestas y aquel collar de verbos
y ese chirlo astillado en tu costado
que suele atravesarme el corazón
cuando me marcho.
Cómo arden los años sobre el rostro,
cómo incendian la casa que habitamos,
y sin embargo, lo que ha de quedar queda,
y en tus ojos, amado, brilla el fuego,
cómo podría entonces el fuego quemar fuego,
cómo la luz habrá de iluminar lo iluminado.

Descansa, amor, descansa,
que lo nuestro es eterno
y si alguien sabe de eternidad y amor
son los muertos.

El pasaje

Contigo me subí al tren de la inconsciencia
abordando el vagón con el billete comprado en la
[estación de los diecisiete años,
sin maletas ni vestidos rotos, sin el rebozo cauto
de la duda, las manos recamadas de caricias
y en el rostro todos los rostros de la tierra.

Contigo me subí al tren de la indolencia
sin prever un pasaje de regreso, sin saber si el
lugar que me tocaba era de cuarta o de primera,
y mis amigas me dijeron para, no subas a ese tren,
mi madre dijo salta si el viaje no te gusta y mi padre
calló como callaba siempre que le dolía el pecho.

Contigo me subí al tren de las ternuras
y las ternuras se prendieron fuego, muriéndose espantadas,
dejándonos un puñado de aridez y mucha rabia
pero así y todo seguimos la jornada de ese tren
impasible que silbaba y silbaba, y una de tantas noche
decidimos no arrojarnos jamás por la ventana.

Contigo me subí al tren de la impaciencia
y nos nacieron hijos de ese trayecto incierto
y les tejimos colchas con lo que nos quedaba de mi vestido viejo
y tu camisa blanca,

y les fuimos labrando

en el viaje las entrañas con tu lengua y mi lengua

con lo que fuimos antes y lo que nunca fuimos.

Hoy por fin hemos llegado a la estación de trenes.

Y nos miran extraños y extraños los miramos.

Tú cargas al pequeño, yo llevo de la mano

a los otros dos hijos.

Es de noche y la calle se nos abre insensible.

Aquí es, nos dijiste, con los ojos llorosos.

Sé ahora cuánto te ha costado este viaje.

Y me avergüenzo.

Aquí no pasa nada

Aquí no pasa nada,
ni un elefante, ni un camello, ni un burro,
ni un hombre pregonando desde su carretón de
[tablas
el delicado velo de la dulce sandía, el ras de la granada,
la acritud de los nabos.
Aquí no pasa nadie,
ni escolares corriendo con sus dientes de leche
mordiendo la alegría, repicando el otoño y sus cuadernos,
ni mujeres rezando con zapatos y medias.
Aquí no pasa nadie,
ni el viento ni el recuerdo, ni un sueño hilvanado
en la simplicidad de una cortina, ni canarios, ni peces,
ni la aspereza burda de algunos pies cansados.
Aquí no pasa nada,
no hay parejas buscándose de ventana a ventana,
ya nadie entrega cartas como en tu adolescencia,
ya nadie corta nidos ni se adorna la falda con cerezas y musgo
no hay amores velados ni cielos subterráneos debajo de la hierba,
no hay ventanas abiertas, ni grietas que trasminen
de alguna forma un cuerpo, ni escobas recargadas al marco
de una puerta, ni mujeres leyendo su suerte en monederos.
Aquí no pasa nada.
En este callejón sólo ha quedado, a manera de censo,

este poema atado a la casa de tu infancia,

al vestigio del polen en la puerta

(colgado junto al timbre, en una lengua que nadie entiende aquí),

y una vaga certeza de que esto se ha ido para siempre

de que ha sido lacrado y sólo nos queda lo que fuiste

urdido a mi terquedad para buscarlo.

Arder el cuerpo

En homenaje a todas aquellas mujeres que se han prendido fuego

Arder el cuerpo.

Esta mañana al regresar a casa una mujer

se prendió fuego.

Comenzó su ritual al rociarse la ropa

de un líquido amarillo

y en cuestión de segundos las leves amapolas

de su falda adquirieron

cierta vida de planta.

Sin previo aviso entonces,

encendió los fósforos y un fuego luminoso

la volvió carta negra, letra gruesa

gritando.

Nadie hizo nada, nadie.

Arder el cuerpo.

Dos o tres transeúntes le lanzaron sus sacos

y una niña de nueve le lanzó un cubo

de agua.

Todo fue tarde, todo.

En cuestión de segundos una mujer se baña

en cenizas y escombro.

Razones sobran para probar el fuego.

El infierno es mejor que otros infiernos.

De todo lo que fue por tantos años

esa mañana apenas queda reconocible

una amapola de su falda.

Y un niño que la llora cuando llega

y ya no la ve sentada afuera

del zaguán de su casa.

Grifo roto

Amar es una especie de violencia,
un grifo que se rompe, un látigo que quema,
un doloroso giro hacia la izquierda

y somos sin quererlo este golpe de caza
este festín herido de murciélagos
parvedad de canillas harapientas, rabia,
contratela de rumbos y sentidos,
manos nobles súbitamente puños
y asestamos a ciegas este mamporro
negro sobre el lóbulo tierno

y cómo duele amar, sí, cómo duele
esta violencia parda que nos va demoliendo
y somos sin quererlo este caño viviente
este muro explotado a medias
esta cobija rota que se muere
entre la savia blanda del tejido y la menta
un grifo roto, un paladar brutal,

amar es una especie de violencia
una pulcra necesidad de la conciencia,
un cardenchal comido por las ratas
y en la devastación queda patente

un apretón de manos, un abrazo angustioso,

un miserable lienzo adoquinado

con el ladrillo roto y la cerilla

amarte es una especie de violencia.

Viuda

Desde esta taza de loza bebo el recuerdo
apresurado,
corvo como un gastado bulevar que raspa la
garganta
ácido como café pasado
y te veo sentado al otro extremo de la sala
junto al sofá en ruinas y la cortina sucia, me indicas
con el dedo índice doblado que me vaya.
Yo no respondo nada, me quedó así,
mirando hacia tu nada, el gato echado en tu regazo,
los calcetines rotos entre la niebla gris del callejón.
Vete, me vuelves a decir, y no me muevo,
espero de tu puño el cenicero para guardar la rabia.
Desde esta taza de loza bebo el recuerdo apresurado
de otro nombre que alguna vez llevé,
como marcapaso golpeando el pulso del reloj averiado
y me abren la garganta las piedras que me trago
me veo yéndome sin más, gastada desde la blusa
hasta la entraña, no me dejaste nada. Nada.
Y tú ahí, mirándome con ojos oscuros de fantasma,
impertérrito meciéndote la barba,
y yo esperando que me pidas, no, no te vayas,
quédate para siempre en esta sala, en esta casa,
demolida desde hace tantos años.

Desde esta de loza bebo el recuerdo apresurado.

Sabe a café quemado,

y me dices ya vete, no te quedes ya aquí, corro,

subo las escaleras hasta la habitación, ni un ruido ya,

ni una huella siquiera, ni tu rastrillo, ni tu camisa vieja,

sólo yo dando vueltas en un luto escampado apenas

por el café que bebo a solas

por la mesa desierta

y por tu voz que me incita con ternura de muerto

no te quedes aquí,

vete.

Esponsales de odio

Esponsales de odio y de despecho
colocan con el velo la madre del marido,
sus hermanas, y otras, a modo de bautizo.
Muy tímida la novia no se atreve a mirarlas
tiene miedo de los ojos de leonas.
Va cayendo a su cuello un ámbar pedregoso
que parecieran lágrimas de no ser por el odio.
Yo vi en mi calle historias parecidas.
El novio no se inmuta, ni siquiera lo nota,
perdido en la belleza de la mujer que espera
los zafiros nupciales.
La muchacha permite que la observen
a diestra y a siniestra, que murmullen a tientas
los vidrios que engendraron desde hace varios meses
de sonrisa en sonrisa, de palmada en palmada
y le marcaron un nombre terrible en las espaldas.
Hoy todo es alegría, festejo y lluvia azucarada
y él la amará esta noche y algunas otras tantas.
A veces la odiará, azuzado por estas que hoy
delante de la gente la toman por el brazo y la presentan.
Es la historia más vieja y más reciente en el planeta.
Yo vi en mi calle historias parecidas.
La suegra y las cuñadas alguna vez también
protagonizaron este juego de armas sazonadas con cárabe.

Seguramente un día esta joven encontrará sus garras

y habrá de estrangular a la mujer de su hijo,

suavemente, con collares y gasas.

Terribles juegos femeninos que una mano oscura

nos enseñó a jugar.

Yo vi en mi calle historias parecidas

y aún espero que llegue la mujer que se atreva

justamente a usar sus zarpas, su pulcritud de leona,

para romper el peso divisorio y rasgar estos mantos

de llaga , de posesión, de envidia.

Esta noche y por hoy todos festejan

y la madre, sus hijas y otras tantas, suavemente colocan

sobre los hombros firmes,

las perlas del odio y del despecho.

Yo vi en mi calle historias parecidas.

Bebedora

Por ti conocí el dolor, por ti le espero cada tarde,
por ti bebo con él, por ti jugamos a enamorarnos
salvando la poca gloria que deja el amor
sobre los años,
cuando amabas mi pelo, mis palabras, y éramos,
a golpe de carreta, una historia distinta y sin enredos.
Desde ese encuentro hemos sido él y yo (dolor y yo) empedernidos
bebedores de penas, de suplicios, amando en el otro
la paciencia de abrirse con el puñal
el pecho
y rasgarse los ojos con cualquier recuerdo y me mira
con sus manos quemadas, deforme el rostro,
rotos los dedos igual que mi cordura, me pide
bebe
yo le cuento de ti, de tu larguísima lista negra
que encabezo, de tu ingrato silencio, de tu ojo
dormido
de tu espalda hacia mí y a otro mundo el pecho
y mi vida que cuelga de un dios ya sin respuesta,
él bebe tocándome las manos con los morros,

compasivo me acerca en la taza hacia los labios

el veneno

inicio mi diatriba, él me escucha contrito,

viejo monje del mundo, me toma las muñecas

y deja generoso un cuchillo en la mesa y una nota

de amor.

Sobre los años el pecho bebe dormido el veneno de amor.

El exiliado

Llegar a pie hasta la punta exacta del recuerdo
y mirarte así
con el cabello al aire y tu exilio hecho pedazos
con el gabán mal puesto, algo arrugado
y en el ceño el opaco tabaco dislocado.
Llegar a pie hasta la punta exacta de tu sombra
y reinventarte
pieza a pieza, la bufanda café, oscuro el pantalón,
en la muñeca un gafete de sangre y en la herida
el destierro en lugar del reloj,
a la cintura tu cantimplora atiborrada de infancia
y de leche materna
y en el bolsillo, esperando volver, un puñado de tierra.
Llegar a pie hasta la punta exacta del recuerdo
y contemplarte
desde el marco infranqueable de tu ropa
los mocasines negros, la camisa austera, descompuesta,
y un aire levítico en la gravimetría exacta
de tus pasos a tientas.
Llegar a pie hasta la punta exacta del recuerdo
y amarte
como si fueran otros los tiempos del recuerdo
como si a la memoria le bastara la precisión

del casimir y de la lana

y te coloco a contraluz para no ver tu rostro que me duele

y acierto a no mirarte, a ponerle a tus prendas

el pespunte irrevocable del olvido.

Así, te voy llegando a pie para quedarme a medias,

colgada de tu ropa,

como un cerdo que cuelga del camal.

La mujer del verdugo

Quisiera ser tú para no serlo,

para olvidar que arrullas zopilotes

con tus mezquinos dedos,

que cantas una canción de cuna

negra, en una extraña lengua,

para no tener que cubrirme los ojos

cuando sales desnudo a la calle

con tu uniforme limpio y por corbata

un muerto

Quisiera ser tú para no serlo

para no oír tus pasos taconeando la acera,

para no ver el carnet que acredita

tu filiación de abusos y sistemas

ni imaginarme quién recibe a esa hora

los golpes, la tortura, tu carroña de hongo

que crece entre las uñas de tu última

muerta

Quisiera ser tú para no serlo

para evitarme el horror de tus cavernas,

de verte llegar con la casaca sucia

de violación y esperma

-la sangre es lo de menos-

para no imaginar qué alcoholes, qué drogas

han parido tu maldad, tu poder,

tu colección de artrópodos deformes,

tu caja de relojes arrebatados a cada uno de

tus muertos

Quisiera ser tú para no serlo

para no ponerte la mesa cuando llegas sonriendo,

para no verte masticar la carne

que te sirvo

en tus muelas sangrientas,

para olvidar que callo y clausuro los ojos,

y taponeo con trombas los oídos, con escamas

de náusea me voy vistiendo el cuerpo,

quisiera ser tú para no serlo,

para no preguntarte cómo estuvo tu día

y verte abrir la boca para contar la anécdota

que olvida la gracia envilecida de

tus muertas

Quisiera ser tú para no serlo

para no cobijarme con tu asquerosa sábana

para no responderte qué bien

y pensar día y noche, día y noche, día y noche,

en el niño de diecisiete que golpeaste,

en la anciana a quien quemaste aquella tarde,

en el hombre que colgaste de un poste por mirarte

y te veo moliendo la comida en mi mesa,

todo babas y sangre, todo babas y sangre,

y te escucho arrullar tus zopilotes

y en la noche, desnudo, eres un pobre diablo,

un tipo forrado de costras y sudores

un muestrario de eso que nadie llama humano.

Un día, tal vez un día, mi mano se levante,

serpentee tu cuerpo en nuestra cama,

con su acero escamonde tus tumores,

un día, tal vez un día, todas las manos hablen.

Por ahora me tapo los oídos con la sábana

para no escucharte cantarle al zopilote.

Quisiera ser tú para no serlo.

Quisiera ser tú pero no puedo.

Para seguir tu huella

Para seguir tu huella en este empedrado callejón

me basta el corazón y la esperanza.

Lo demás sí que sobra: el compás, el cuadrante,

la brújula, los mapas,

de qué sirven, querido,

de qué sirven, si al final abriremos

en el lugar preciso,

sin más señal que esta surada que ventea,

el tiempo y honraremos

este amor que se dio entre las piedras del mundo

subió en enredadera de los pies al corazón

y se quedó incrustado en las palabras,

ardientes suras de la luz,

que van iluminando nuestros pasos

en silencio, en silencio.

Exilios

Yo sé muy bien que amar lo que es distinto a uno
parte el alma
yo sé muy bien que el verde es menos verde
entre lo verde
y que la sangre desde esa lejanía es un dibujo triste y sin espinas
yo sé que amar a la extranjera cuesta caro,
que cala llevarla de la mano a cada rito,
que hay en el fondo un diálogo de sombras
y una pared estéril se interpone siempre amenazando

Yo sé muy bien que amar lo que es distinto a uno parte el alma
yo sé muy bien que el corazón partido en dos late dos muertes
y sé muy bien que somos prisioneros de nuestro propio mundo
que nuestros ojos sólo ven lo que les han mostrado
que nuestra boca sólo dice lo que nos enseñaron
que nuestro oído sólo escucha la voz con que le hablaron
que cuando dices *mesgui* yo digo iglesia y donde ves la luna veo
[una cruz

Yo sé muy bien que amar lo que es distinto a uno parte el alma
que amar, en general, es una racha de lluvia con azotes
que mucho antes que nosotros, ya otros infractores durmieron
apestados entre plazas y bancas despintadas

entre ciervos y lonas, entre piedras y cal

y sin embargo sé que ellos supieron que Dios habla con las manos

y que las manos saben aún más que la infancia y la memoria

Tú sólo me conoces en lengua musulmana, y desde esa atadura,

desde esa pertenencia, desde esa limpia lupa de luna y de bandera

fuiste capaz de oír mi lengua de extranjera, mi noche de cristiana

transgresora de lenguas, de nombres,

de ciegos y de ciegas que ven con lo que aman

y ya los ves, amor, que hemos pagado el precio de Dios con el

[exilio

y desde ahí nos llueve su corazón, ajeno a todo dios y a todo rito.

Érase que se era

Una vez me contaste

érase que se era una princesa persa

con los pies de zafiros y en los ojos el alma.

Yo interrumpí tu cuento.

Érase que se era un príncipe guerrero

con collares de jade y un jaguar en el habla.

Ambos pronto callamos.

Yo te fui colocando sobre el pecho castaño

unas cuentas de ónix y tú fuiste poniendo

en mis dedos desnudos corindones albeando.

Ese jaguar que te salta del pecho te lo regalé yo.

Estos collares que me adornan el cuello

vienen de ti y por ti.

Juguemos a que somos el otro y en el juego

(jaguar, zafiros, ónix, velo, anillo)

dejemos de ser dos.

La hoguera

Amor,
arde Dios en la hoguera de todas las hogueras,
se cruzan los caminos, y ya ves, te han cruzado
cruzadas milenarias.

No digas nada, amor, no digas.

Se enredan las palabras en los textos sagrados
con ellas se entretiene tu canto de extranjero,
a ellas van ladrándoles
los perros miserables.

Amor,
explícame tu nombre en tu lengua de derviches,
muéstrame bien tus dedos sin llagas y sin clavos
tu rostro iluminado
en suras de la luz.

No digas nada, amor, no digas.

Arde Dios en la hoguera de todas las hogueras,
y al final es el fuego el único que habla,
la cruciata se quema
en los hombros de Dios.

Amor,

yo sólo te conozco en lengua de cristianos

cuando digo tu nombre hablan en mí los siglos

oscuros de la noche,

la muchedumbre sorda.

No digas nada, amor, no digas.

Yo pongo ante tus manos el cofre de estos rezos

hace tiempo he cerrado los libros de las sombras

para entender tu nombre

y el nombre de tus nombres.

Amor,

yo sólo te conozco en lengua de cristianos

y en lengua de cristianos he buscado de veras

tu corazón

y a Dios.

No me importan

No me importa el paisaje, ni la lluvia,

ni el adoquín que rompe los zapatos, ni el

nombre de esta tierra

o cualquier tierra,

ni si esa calzada que recuerdo es paralela a esta.

No me importan los libros, ni las sienes adustas,

ni la falda de lana perturbada.

No me importan la luz ni los gusanos, ni la vecina extraña que se

[ríe,

ni el palomar azul de tus costados, ni la sangre

que rompe con su flujo la boca amedrentada.

Esta noche, no.

Esta noche, nada.

Esta noche me importa solamente leerte la mirada.

hundir lupas y lentes y antiparras

y descifrar a solas, a cuestas con el miedo,

con mi larga cobija de alimañas,

el sentido de este invertebrado que llamamos lo nuestro

y que se muere

si no le cantamos una canción de cuna

si no le murmuramos al oído un pozo subterráneo,

si no le embriagamos con el jardín que ya hemos olvidado.

Esta noche tus ojos son la carta,

escrita con esa letra de tu infancia, con la torpeza hábil

de tu mano acostumbrada a los signos de otra lengua,

a las grafías de otros nombres imposibles.

Y yo soy la ciega, la invidente que toca con los dedos

la sustancia invisible en tu mirada.

No me importa el paisaje.

Ni la lluvia.

Gambucero

Gambucero del hambre elemental
de la incierta geografía del ansia y de la bestia,
celador de estas cuerdas que han de romperse
al primer aguacero que arrase la cubierta

Gambucero del hambre elemental
de la memoria a rastras por el suelo
de lo que fuimos antes del nombre y del heliógrafo
del pasado enterrado bajo el costal de harina

Gambucero del hambre elemental,
de la vieja resistencia y la caricia a medias,
somos la misma trampa, el mismo tedio,
la noción exacta de ser el otro en el hambre
y en el candado cruel de la gambuza

Curador de la entrega y la caída.

Niño de diecisiete

Ahí estás, llorando desesperadamente,
con tus diecisiete años mal puestos
en la solapa de los hechos,
con tu madre en la casa limpiando
los granos de cebada para olvidar el miedo
y tú solo, entrizado en quién sabe qué parte
de tu niñez podada a cortaplumas,
de tus zapatos tamaño seis
ocultos en la cómoda con tu carro de plástico,
y caminas sin molestar a nadie
en la mochila los libros y en la espalda
la última palmada de tu padre
(en la bastilla del pantalón, nadie lo sabe,
en miniatura la foto de los dos
cuando aún podían jugar tablas reales en la casa)
te ves hombre, lo piensas, anchos los hombros
a pesar de la delgadez incierta
en el fondo, bien lo saben tu madre y tus abuelas,
eres un niño traicionado
por el ludir de huesos contra el cuerpo,
y andas el camino de siempre
el mismo del que una mano brutal
arrancara a tu padre una noche y en silencio
(nadie vio nada, nadie,

era como si el callejón sólo hubiera existido

para tu padre y *ellos*,

¿dónde estaban los otros? Nadie lo sabe, nadie,

y al no saberlo

otros y *ellos* se han vuelto de los mismos),

mentalmente repasas todas aquellas cosas

que te despiertan a medianoche

con ganas de llorar sin vergüenza, sin testigos.

Entonces, un auto forzosamente escupe

con su humo y sus llantas, con sus vidrios teñidos,

la angostura de piedra de nuestro callejón.

Interceptan tu paso, tu camisa, tus bucles,

tus libros, tu niñez, tu incipiente postura de hombre

recién inaugurado a la vida y la escoria.

Te arrinconan, insultan a tu padre, lo defiendes

a mordidas de verbos y ademanes

y en cuestión de segundos te han derribado

al suelo, te han payaseado el rostro con sangre

y moretones, todo por ser el hijo de tu padre,

el que no se calló la horrura de los otros

y pagó caro el costo de la honradez, tan caro,

que tu madre no cesa de mirar el mantel

donde limpia los granos, y tú, niño pequeño,

niño de diecisiete, acribillado a golpes y sarcasmos,

alcanzas con una mano a recoger los libros,

con la otra, a tientas, te aseguras que esté,

(no está)

la última foto en la bastilla

y entonces sí te derrumbas, te caes en pergaminos

de infancia y de ternuras, lloras

como sólo es posible en la niñez de los diecisiete años,

lloras hasta el cansancio, lloras como en la cuna

de cada madrugada.

Nadie vio nada, nadie,

era como si el callejón sólo hubiera existido

en la perforación de un canto imaginado.

Nadie vio nada, nadie,

y todos caminan ciegos, ciegos, ciegos,

ciegos a plena luz de la mañana.

Recorrido

He recorrido a solas, de norte a sur, tu callejón.

Sobre cabello y hombros un rebozo castaño

y en las manos desnudas muchos aros de

infancia

adornando el silencio.

No hay nadie en la calle, nadie, sólo yo y tu recuerdo,

sólo el ruido pausado de mis suelas golpeando

el adoquín, el risco, la piedra y el estiércol

y una mujer sentada frente al portón de hierro

degustando la sombra

de mi pueril travesía en solitario.

El callejón es largo, interminable,

y se me abre fácil como una mina recién desenfilada

y entro a ciegas, apenas alumbrada

por las escasas pistas que has dejado

en los nombres de las cosas, el estanquillo blanco,

la dulcería de los hermanos Yulayán

-¡cómo lloran cada vez que regresas y te recuerdan niño!-

la casa del maestro acribillado por la espalda,

y en la otra esquina la viuda que perdió a sus tres hijos.

Camino a pleno sol y lo que veo no responde

a la cartografía de los hechos,

es más certera la memoria provocada por tus dedos

afilando el lápiz de la imaginación

-una suerte más noble de memoria- y me guío entonces

por esos otros ojos acostumbrados a mirar

debajo de la sombra

cubiertos por el rebozo que extrañamente representa

el punto cardinal de donde vengo,

aquella otra calle desde donde he pavimentado,

a fuerza de quererte, todo este callejón.

Y el callejón Kashaní no corresponde siempre

a tu esquema de rizomas y madres doloridas

y sin embargo, visto desde los ojos que guardo

en este mar secreto de murciélagos,

es una copia exacta de tu calle de infancia,

con sus nabos hervidos, sus almendras blandas,

la niña que te amó desde aquella ventana

de la que hoy una mujer ajada contempla

mis pasos sibilantes y me avienta su voz

debidamente destilada y me saluda

mirando extrañamente mi rebozo y pregunta

apenas con el ceño el nombre de mi calle.

Y le señalo este, justo este callejón,

callejón Kashaní,

tu infancia que recorro de norte a sur,

con los mapas certeramente falsos

de tu infancia.

Cómo duelen esas calles

Cómo duelen esas calles sin mí,

esos instantes de zapatos ciegos que fueron

prolongándose

de momentos a décadas, de pasos a pasado,

cómo duele saber que yo no estaba,

que era otro el perfume,

otras las faldas, otros los nombres,

otros los juegos, la andarraya,

la risa abierta y los maestros tristes.

Cómo duele pensar que por aquí anduviste

anavajado de infancia, perconteado de madre,

almizclado de sueños y futuros,

de pantalón oscuro y de camisa blanca.

Cómo duele pensar que yo no estaba,

que mi calle entroncaba en otra lengua,

en un mar que almadraba en otro continente

la esperanza,

¡Oh, Dios, y tú tan lejos! Tan lejos

que las cosas respondían a otros nombres

que la luna se llamaba *mathab* y la tierra *simin*

y el callejón alongado jamás hubiera pensado

en mi nombre acerado en otra calle, en un río,

que no tendría nombre si llegara a estos rumbos.

Cómo duele saber que éramos otros,

de los que a veces hablamos en un tercer idioma

hecho de arándanos y lágrimas.

Suicida

Esta noche, amor, me cortaré el cabello,

tejeré una soga con lo que tanto amaste

y me hallarás volando

sobre mis propios pies,

colgada de mis trenzas,

opaca

sobre la alfombra

que alguna vez nos vio iluminados bajo la oscuridad,

embriagados,

eternos.

No bebas hasta entonces.

Y que sea el dolor el que te sirva.

Las bicicletas

A un lado de la puerta, como esperando algo, un par de bicicletas.

La de ella era vieja, la había heredado de su padre poeta.

La de él era austera, como debe serlo el pan que acarrea.

Nadie entendió ese amor del panadero y la hija tardía

de un hombre que bebía alcohol casero mientras leía versos.

Prohibieron el vino, pero no la poesía que también emborracha,

y su padre sabía beber ambos, y escribir en su cuerpo

rubaiyats sin ternuras.

Un día escribió *muerto* y lo sacaron de su propia vida

un par de vecinos, algunos parientes, y su hija niña.

Nadie supo más y en el callejón se oxidó entre años

como una gacela amarrada con versos aquella bicicleta.

Cuarenta años después, arribó una tarde la hija del poeta,

desesperanzada, hecha trapos viejos, vieja también ella.

Él llegó más tarde, tal vez atraído por la bicicleta.

La mujer madura se dejó llegar por los treinta años,

hubo cotilleos, chismes, murmuraron,

pero nada pudieron contra ese amor bicíclico,

contra aquellos cuerpos galopando al aire,

contra aquella dicha de ser seres nuevos entre tantos viejos.

Lo que no sabían, lo que nadie vio,

es que amaban usando la cartografía exacta de su padre,

la receta previa del amor y el vino, la receta hecha para ver a Dios,

---

ELVIA ARDALANI

y ambos sabían beber en secreto el alcohol casero,

¡y se amaron tanto! Y él encontró en ella los ojos exactos

para ver la noche desde las aulagas,

en los alnos negros de su corazón

y ella bailó a oscuras siguiendo la herida de la cimitarra

y se amaron tanto que hasta parecía que las bicicletas

de tanto esperar , también aprendieron a beber las sombras,

a beber amor.

Nunca fue el pan más pan en nuestro callejón.

Y él la cuidó cuando los años le quitaron todo,

cuando la ceguera le guiaba la ruta de la bicicleta.

¡Cómo se quisieron! Cuánto vieron, cuánto, montados al alba

de sus bicicletas.

Hoy, viudo, solo, sin hijos, sigue repartiendo el pan de los otros.

Y bebe por ella un alcohol amargo que llama dolor.

Afuera de la casa, justo contra el muro, espera en silencio, una

[bicicleta.

La otra, la de él, después del trabajo, recuesta el manubrio

sobre el cuerpo inmóvil de su amada bici

y le va contando historias que hablan de amores callados,

de dolores amplios,

de ciegos que ven con los ojos de otro, de la estela tierna

que en el callejón

va dejando el pan.

Índice

ÍNDICE

Callejón Kashaní –edición rústica- fue impreso sobre papel crema de 60 libras. En su composición se emplearon tipos de la familia Garamond y Arial. El cuidado de la edición estuvo a cargo de **Imaginarium Literario**, Francisco Macías Valdés y la autora.

www.ingramcontent.com/pod-product-compliance
Lightning Source LLC
Chambersburg PA
CBHW051637050426
42443CB00025B/420